JN410435

세상 모든 우산은
잃어버릴 우산이다

유성애 시집

시인동네 시인선 082

유성애 시집

세상 모든 우산은 잃어버릴 우산이다

시인동네

시인의 말

너무 오래 머뭇거렸다

나 아닌 내가
나를 탕진하는 동안

이런저런 핑계로
해찰이 길어졌다

더는 너를 아프게 하지 말아야겠다

2017년 9월
유성애

차례

제2부

제3부

제1부

웅덩이에 대한 사소한 편견

늘 목이 마른 그 상자는 뚜껑이 없다는**데** 아니 속이 훤히 보이는 뚜껑이 있기는 하다는**데** 으슥한 골목길에서 주로 등장하는 상자 속엔 흙터투성이 조각달이 들어 있다는**데** 달은 일그러진 심장을 자동차 헤드라이트에 비춰본다는**데** 젖은 달을 걱정해 모여든 사람들은 저마다 고갤 갸웃갸웃 제 그림자만 빠트리고 돌아간다는**데** 밤이면 곤한 별들이 조용조용 반신욕을 즐긴다는**데** 모두가 열어보고 싶어 하지만 아무도 열지 못한 그 상자 속엔 새 유리구두 한 짝만 들어 있다는**데** 코끼리를 닮은 바오밥나무와 눈먼 나비가 산다는**데** 어떤 이는 이빨이 하나도 없는 악어를 보았다고 낄낄대는**데** 돌멩이 하나 던지면 터엉, 소리가 끝도 없이 가라앉는다는**데** 상자는 갈수록 조금씩 깊어진다는**데** 간혹 늙은 바오밥나무가 상자 밖으로 밀려나기도 한다는**데** 모서리가 닳아 둥근 그 상자는 우울한 기억을 사탕처럼 녹여 먹는다는**데** 아니 흙이 잔뜩 묻은 신발만을 기억한다는**데** 유독 단정한 아이들을 좋아한다는 그 상자는,

그림자들

오후 세 시 노란색 유치원 버스가
작은 그림자를 내려놓고 사라진다

큰 그림자가 치마를 활짝 펼쳐
작은 그림자를 품는다

그림자들이 뛰기 시작한다
북적대는 아이스크림 가게와
오후에만 문을 여는 단풍나무 그늘을 흘깃거린다
텅 빈 놀이터를 지날 때
그림자는 걸음이 살짝 느려진다

작은 그림자는 달아나고 큰 그림자가 쫓아간다
신호에 걸린 먹구름을 무사히 통과한다
작은 그림자의 걸음이 조금씩 빨라진다

큰 그림자와 작은 그림자가 자꾸 부딪친다
작은 그림자는 바람 속에도 숨고 제 그림자 속에도 숨는다

큰 그림자는 점점 치마폭을 늘려간다
마침내 작은 그림자가 큰 그림자를 빠져나간다

큰 그림자가 신발을 고쳐 신으려는 순간
거대한 빌딩이 작은 그림자를 삼킨다

그림자가 다시 그림자를 찾아나선다

예각의 힘

스케이터가 마지막 골인점을 향해 참았던 호흡을 트랙에 밀착시키듯

강력한 힘은 가장 낮은 자세에서 나온다
선거철 후보 정치인들의 허리를 보라
두 손은 웃고 있지만
시선은 상대의 발등을 훑고 있다

승리의 깃발을 흔드는 순간까지 꿈을 가진 자의 몸은 예각이다
과녁을 향해 돌진하는 화살처럼

승리의 깃발을 흔드는 순간까지 핵심을 드러내지 않는 자의 포즈!
결코 적과 정면돌파하지 않는다
고지가 바로 저기일지라도
섣불리 허리를 일으켜 세웠다간 다 잡은 깃발을 놓치기 십상이다

아직은 등 뒤의 무수한 손이 훨씬 위험하므로

좀 더 가야 한다
표정을 들키지 않고 더 빨리 골인점에 닿기 위해
등반가가 바위와 한 몸이 되어 히말라야 암벽을 오르듯

그런데 왜 나는 줄곧
앞사람의 뒤통수만 보고 걸어왔을까

가족의 자격

어젯밤 아빠의 발소리는 하도 얇아 바람 소리인가 했죠
눈뜨면 나는 식구들 안부를 묻곤 하는데요
안방에서 화투점을 치던 엄마 목소리가 폴짝
계단을 뛰어오르기라도 하면 내 꼬리도 덩달아 춤을 추고요
온 가족이 함께 둘러앉아 밥 먹은 적은 없지만
매달 아빠의 통장에선 일용할 양식이 배달되죠
구름무늬 커튼을 단 문간방에선
수십 년째 늙지 않는 할아버지가
할머니한테 자꾸만 저승사자 험담을 늘어놓는데요
가끔 누대에 걸친 귀신들까지 줄줄이 불려나와 지붕이 다
들썩인답니다
그럴 때 식구들은 통조림 속 꽁치토막처럼
죽은 척하는 게 상책이라
큰누나는 며칠째 방문을 걸어 잠근 채 기척도 없는데요
몰래 훔쳐본 누나의 가슴은 세상에서 가장 큰 풍선껌 같아서
금방 터지는 건 아닐까 겁이 났죠
종일 모니터만 들여다보는 형의 손가락이 저리 바쁜 걸 보면
형에겐 아직도 열어야 할 문이 많나 봐요

쉿, 늦은 밤 엄마의 외출은 비밀인데요
어디서 묻혀왔는지 싸구려 프리지어 향이 진동할 때가 있어요
꼬리가 열 개라도 부족한 나는
이 집에서 가장 분주한 계절을 보내고 있는 중이랍니다

자본이라는 놈

백화점 문은 바람둥이 사내 같다
아줌마든 아가씨든 무조건 환영이라며
양팔 벌려 야릇한 눈짓을 보낸다
눈치 빠르게 다가와 내 귀에다 속삭인다
라인이 섹시한 붉은색 하이힐을 신어보라고,
한정 신상 악어 백을 둘러보라고,
은근슬쩍 손목을 잡아끈다

무작정 나는 펼쳐진다
허기진 뱀처럼 잡히는 대로 감아본다
어깨에 발목에 치렁치렁한 욕망들

사람들 발길이 뜸해질 즈음
여전히 친절한 사내가
곧 조기 품절될 욕망을 소개하느라 목청을 높인다
나는 후끈 달아오른 몸뚱이를
급히 쇼핑백에 구겨넣고
또 다른 문을 찾아나선다

장미의 몰락

고양이와 맞닥뜨린 대낮, 장미는 붉은 웃음을 삼켰다 굶주린 고양이의 눈이 레이저광선처럼 겹겹 꽃밭의 비밀을 파헤치기 시작했다 웃음을 버리자 장미의 몸에서 비릿한 냄새가 흘러나왔다 도처에서 냄새를 맡고 몰려든 고양이들이 으르렁거렸다 그들은 백주대낮에 출몰하는 것도 서슴지 않았다 길 건너 주상복합 아파트가 목을 있는 대로 늘여가며 햇빛을 싹쓸이했다 미끄럼틀과 그네가 사라지고, 밤이 되어도 불이 들어오지 않는 창들이 늘고, 드문드문 이 빠진 보도블록 위로 상심한 꽃잎들이 몸져누웠다 장미의 살점을 씹어 먹는 고양이, 눈빛은 더욱 극명해졌고 공중에 걸린 현수막이 자주 펄럭였다 고딕체의 붉은 문장이 앙탈하듯 비명을 내지르자 일제히 몸을 숨기는 고양이들, 장미의 그림자 위에 푸른 달빛이 파다했다 한밤의 조문처럼, 시끄러운 소나기가 한차례 지나갔을 뿐, 장미연립엔 아무 일도 일어나지 않았다

나의 백만 번째 생일파티

백만 개의 달에다 불을 켜야지
초대장도 없이 들이닥친 한 떼의 적막은
체크무늬 스카프에 들러붙은 졸음을 토닥이네
만삭의 풍선 톡 톡 터뜨리다 보면
바비인형을 안고 잠든 유모차가 불현듯 안쓰러워질까
세상에서 가장 지루한 자장가를 웅얼거리다가
아직 끝나지 않은 후렴구에서 덜컥,
백만 년째 냉전 중인 애인이 보내온 마른 꽃바구니에 귀
기울이다가
금 간 거울을 꺼내 금 간 얼굴을 뜯어고쳐야지
여전히 입이 무거운 꽃바구니를 타박하다가
병든 칸나의 혀를 뽑아
죽은 문장들을 살려내야지
죽어도 변치 않는 사랑 따윈 죽을 때까진 믿지 않는 거야
잦은 달의 변신에 대해서도 함구하는 거야
나보다 일찍 늙어버린 수첩을 뒤적거리다가
흰 국화로 둘러싸인 역은 모른 척 지나쳐야지
이름 없는 역에서 시간표엔 없는 기차를 기다리는 거야

한 번도 제 과거를 보여준 적 없는 벽시계를 처음으로 의심하다가
백만 년 동안 썩지 않은 케이크를 핥다가
유리잔 속 불어터진 촛불 후후 불어가며
방금 내 손을 빠져나간 달의 지느러미를 물끄러미,

시인공장 공장장님께

귀하의 공장은 이번 장마에도 무고한가요?
오늘은 모처럼 햇볕이 쨍하길래 동네 서점에 갔어요
근엄한 자태의 스테디셀러를 지나
조금은 거만해 보이는 베스트셀러를 기웃거리다가
세 번째 노벨상 후보에 올랐다는 노 시인과 마주쳤어요
신상에 열광하는 요즘 사람들이라지만
시인만은 묵은 골동품이 좋다는 건지
나 또한 꽤나 알려진 시인에게 먼저 눈이 가는데요
세계에서 시인이 가장 많은 나라
미개발 시인은 그보다 훨씬 더 많은 시인공화국에선
시의 주변을 잠깐 알짱거리기만 해도
시인 되고 싶으세요?
친절하게도 시인공장 공장장들께서 명함을 내미는데요
계절상품이나 기획상품은 그렇다 치고
유사품은 처음부터 만들지도 말고
불량품은 리콜을 고려해보심이 어떨지요
덕분에 시인이 아니면 이 나라 국민이 아닌 날이 곧 올 거예요

하지만 크든 작든 시의 집을 지어야 진짜 시인
아무튼 나는 물어물어 진짜 시인들을 찾아나섰는데요
출신 공장이 제각각인 시인들이 난민처럼 모인 구석에
보일락말락한 이름표를 달고
하나같이 머릴 조아린 모습이었는데요
그중엔 내가 존경하는 시인도 간혹 눈에 띄는데요
오래된 감동에 물린 나는
사려고 했던 시집은 까맣게 잊고
풋내 나는 시인들의 새파란 문장에 흠뻑 젖어보는데요
오늘도 신제품 개발에 땀 흘리시는 공장장님!
녹슬고 먼지투성이 저 기계부터
기름 치고 조이고 매만져야겠어요
지난여름엔 유독 장마가 길어
한강 물 불어나듯 시인도 넘쳐났었던가요
그나저나 여름이 채 물러가기도 전에
쏟아져 나온 가을 신상품들은 또 어디로 간다죠?

비상(飛上)

기러기는 베란다 쪽을 바라본다
어젯밤 전화선을 타고 건너온
아이들의 낭랑한 목소리가 귀에 쟁쟁거린다
송금을 재촉하던 아내의 볼멘소리도 맴돈다
벽에 걸린 사진 속 어린 딸과 눈이 마주친다
아이의 미소는 여전히 싱그럽지만
십이월 햇살은 월세보증금을 올려달라던
집주인 목소리만큼 냉랭하다
기러기는 베란다 쪽으로 걸어간다
흘깃 내려다본 아파트 정원엔
마이너스통장 속 숫자처럼 낙엽이 쌓여 있다
달랑 한 잎을 매단 채
바람과 사투 중인 단풍나무를 바라보는 순간
아비규환의 구조조정에서도 강건했던
두 다리가 후들거린다
함부로 삭제할 수 없는 것을
삭제하는 힘은 어디서 오는가
몸을 틀어 난간 위에 올라서자

등줄기를 타고 한기가 몰려온다
난간을 움켜쥐고 있는 분노마저도 제거해야
비로소 날아갈 수 있다
숨을 한번 몰아쉬고
기러기는 허공을 향해 팔을 뻗는다
비상하지 못한 휴대폰만
지상에 매달린 채 울고 있다

오늘의 마감뉴스

식당 골목에서 새끼 고양이 한 마리가
음식물 쓰레기통 주변을 배회하고 있었다
고양이는 쓰레기통 뚜껑을 노려보고 있었다
제발 누군가 와서 뚜껑을 열어달라고
울음소리도 내지 않고
그저 냄새만 핥고 있었다

젖은 바닥에 아른대는
제 그림자를 힐끔거리면서
고양이는 근처 고깃집에서 흘러나오는
냄새에 귀를 쫑긋 세우고 있었다

술손님 북적대는 삼겹살집 티브이에선
오늘의 마감뉴스가 방송되고 있었다
배고픈 북한 아이들 눈망울이
일제히 불판 위의 고기에 쏠리고 있었다

작은 손엔 빈 밥그릇이 하나씩 들려 있었다

닭똥 같은 눈물이 후두둑 떨어질 듯
초점 없는 눈빛들은
불판 위에서 허우적거렸다

마감뉴스가 끝난 뒤에도
고양이는 그 자리에서 꿈쩍도 하지 않았다

지난밤 내 꿈속에선 내내
빈 밥그릇이 달그락거렸다

모래시계

한쪽으로만 쏠리는 인사말 때문에 어지럼증이 이는 오후, 기억은 망망대해에 멈춰 있다 물때도 아닌데 파도 소리 점점 가까워진다 버려진 소라껍질들의 휘파람 소리도 들려온다 어쩌면 그것은 배고픈 물고기들이 어미를 부르는 노래인지 몰라 가슴보다 뇌가 먼저 커버린 아이들은 어떤 형태로 모성을 기억할까 이미 영토의 반을 내주었으니 남은 영토 주인은 유통기한을 넘긴 햇빛과 바람일 터, 고지식한 거울이 제 역할을 수행하는 덴 늘 그만큼의 시간이 필요하다 그것은 캄캄한 마음이 조금 더 어둑한 몸을 끌어안기 좋은 시간, 엎치락뒤치락 앞다퉈 망망대해를 빠져나가는 저것은 무엇인가 여자가 입술을 떼자 까르르, 파란 알갱이들이 줄줄이 쏟아져 나온다 살기 위해 도려낸 건 암세포만이 아니었다 아직 태어나지도 않은 웃음과 말까지 마구 죽여 없애고 있었던 것, 사지(死地)를 빠져나온 시간들이 삶을 견디기 위해 한곳으로 모인다 거울이 지루함을 못 참고 여자를 돌아눕힌다 왼쪽 가슴이 서서히 차오르기 시작한다

마트로쉬카*

몇천 번 죽어야만 그럴듯한 운명은 시작되는 걸까요 갈래머리에 낮은 코 둥그스름한 하관까지 언니들을 꼭 닮은 내가 태어나던 날, 소문대로 세상은 여섯 번째 계집아이의 탄생을 거들떠보지도 않았죠 적막이 무서워 귀를 닫았을 뿐인데 언제부턴가 말문마저 닫히고 말았어요 아무도 귀 기울여주지 않는 소원들이 목구멍 그득 차오르면 나는 자꾸 바깥쪽으로 머리를 들이밀었죠 나를 열면 더 많은 내가 있는데 참 이상하죠? 열면 열수록 내 심장은 점점 작아지니 말이에요 그러니까 세상은 내가 태어나기도 전부터 이미 죽은 나를 반죽해 또 다른 나를 빚어왔던 건지 몰라요 하여 평생 내 소원은 젊은 아버지가 온전히 지워져버린 세상에서 다시 태어나는 거죠 왜냐구요? 곧 배꼽 없는 일곱 번째 여자아이가 태어날 차례거든요

바람둥이에 노름꾼 아버지의 줄줄이 딸린 새끼들 이야기,
너무 뻔한 얘긴가요?

---

* 인형 안에 같은 모양의 목각인형이 계속해서 들어 있는 러시아 민속 인형.

제로섬 게임*

가위바위보 네가 이겼다
스러져가는 고향집을 무사히 옮겨온 너는 매일 아침 잔뜩 부풀린 망토를 두르고 내가 모르는 세계로 나아간다 저승을 수소문해 삼십 년 전에 죽은 아버지와 배고픈 조상들까지 살뜰히 모셔온다 노래를 좋아하는 내게 아픈 어머니를 위해선 무조건 밝은 노래만 부르자고 한다 우린 먹기 싫은 밥알을 오물거리듯 기쁠 때나 슬플 때나 건전가요를 웅얼거린다

가위바위보 내가 이겼다
잃어버린 노래를 되찾기 위해 나는 낭만적인 모차르트를 버리고 네루다의 고독을 스토킹 한다 내 혀는 식욕을 잃고 말을 잃고 글자에 집중하기 시작한다 틈날 때마다 시인의 방을 기웃거린다 몰래 키운 고독은 뿌리가 깊어 몸 구석구석 이름 없는 통증을 퍼뜨린다 나는 급기야 최초의 노래마저 의심한다 어쩌다 잊힌 노래가 떠오를 때면 남아도는 통증을 탕진하느라 맨발로 산을 오른다

가위바위보 비겼다

더 이상 소원이 생각나지 않는 우린 제 손으로 유리 구두를 망가뜨린 신데렐라이거나 세상에 하나뿐인 망토가 자랑스런 슈퍼맨

피가 철철 흐르는 맨발을 싸맬
네 망토는 너무 낡아 너덜거리고
아무도 승리의 세리머니를 하지 않는 저녁
회색 벽돌집 마당엔 배부른 귀신들과 늙은 어머니가 둘러앉아
가위바위보
가위바위보

---

*zero-sum game: 게임이론, 게임의 승자가 선택하는 행동이 무엇이든지간에 참가자들의 이득과 손실의 총합이 제로가 된다.

무드셀라증후군*

축축한 비밀 하나가 일기장 속으로 숨어든 뒤
내 입은 점점 무거워진다
누구에게도 들키지 않은 초경이
캄캄한 입속에 갇혀 지내는 동안
내 도톰한 입술이 자꾸만 달싹거려도
나는 시치미를 떼야 한다
첫 키스를 완성할 때까지

계절은 오가며 보란 듯이 꽃을 피워댄다
지는 법을 먼저 배워버린 꽃들은
부푸는 달에게서 다시 희망을 배우곤 한다
꽃 진 자리 용케도 단단해지고
어떤 바람은 신의 입김처럼 따뜻해
어느 날 나는 튼실한 씨앗을 받아
싹 틔우는 꿈을 품어보기도 한다

두근두근 심장이 내 몸을 한껏 부풀렸을 때
꿈은 마침내 작고 여린 꽃봉오리가 된다

허나 꽃을 가꾸거나 꺾는 건 사람의 일
꽃이 진 뒤에도 오랫동안 그 꽃을 기억하는 건
공기 속을 떠도는 향기 때문이다

더딘 걸음으로 겨울이 가고
봄볕에 피어난 꽃들에게선 젖비린내가 난다
또다시 새로운 비밀 하나 생긴 나는
더 이상 일기장을 펼치지 않는다
지금 내 혀는 잘 마른 꽃처럼 가벼운데다
하염없이 태어나는 저 꽃들이
다 내가 낳은 핏덩이인 것만 같아서

---

*추억은 항상 아름답다고 생각하는 것, 과거의 안 좋은 기억은 빨리 잊어버리려 애쓰며 좋은 일만을 기억하고 싶어 하는 인간의 심리적 특성.

서랍들

커튼 너머 나비들의 날갯짓이 궁금한가요 헐거워진 서랍 빼끔 열어두고 자울자울 졸음을 만지작거리는 당신, 다시 꽃 피우고 싶은가요 막바지 봄볕이 어지러운 지금은 낙화하는 목련이 눈물 나게 아름다울 때, 아직 제대로 한번 피어본 적 없는 꽃씨들은 서랍 속에서 조바심치죠 보세요 아이들 얼굴이 고향의 산수유 꽃을 닮아가고 있어요 아니 집 한 채가 온통 노란빛에 잠기고 있죠 오늘 아침 우리 집 현관 앞에 당도한 꽃소식마저 당신이 틀어놓은 텔레비전 소리가 다 먹어치우고 없어요 노을도 비껴가는 낡은 서랍 속엔 당신이 그토록 애지중지하는 약봉지들이 먼지처럼 쌓여가요 기민한 두 귀는 종일 내 발뒤꿈치에 들러붙어 종종거리죠 남아도는 잠은 못 이긴 척 푹신한 소파 위에 내려놓아요 서랍은 활짝 열어둘게요 제발 갓 태어난 나비처럼 저 아지랑이 속으로 설렁설렁 날아가 보라구요 비로소 덜컹거리기 시작한 당신과 나의,

세상 모든 우산은 잃어버릴 우산이다

허구한 날 너는 뼛속까지 흠뻑 젖어서 온다 한때 너에게 하나밖에 없는 우산이 되고 싶었던 적 있다 나는, 팔월의 살얼음판 위에서 문득 소낙비를 생각한다 때늦은 저녁 인사가 공중에서 나부끼다가 흩어져버린다 세상이 온통 먹구름으로 뒤덮인다 마악 장마가 시작되었는데 너는 소름이 돋을 만큼 춥다고 한다 또다시 비가 쏟아질 듯 후텁지근하다고 중얼거린다 언제부턴가 일기예보를 믿지 않는 나는 무작정 비를 기다린다 언제 다 가져다 놓았을까? 살이 부러지거나 찢겨져 못쓰게 된 이 많은 우산들을…… 나는 햇살의 따스함과 살가운 바람을 기억하려 연신 현관문을 기웃거린다 회색빛 창 너머로 내내 눈이 갔던 어젠, 몹시 습했고 그저껜, 갑자기 천둥번개가 쳤고 또 그그저껜, 구름이 오락가락했었다고 말하려는데 너는, 반짝 드러난 하늘이 그저 반가운 눈치다 남모르게 말려야 하는 눈물을 모르는 척, 서둘러 햇살 속으로 멀어져 간다

오래된 수다

—이 열차는 대화행 마지막 열차입니다
대화하는 사람 하나 없는 전동차는
깊은 바다 속 같다

커플티를 입은 젊은 남자와 여자
양쪽 좌석에 마주앉아
핑, 핑, 물방울을 튕겨댄다

좌우로 눈동자를 굴려가며
입술을 삐죽거리거나
속눈썹을 추켜올렸다 내렸다
엄지와 엄지가 나누는 수다를 쫑긋 엿보는데

긴 생머리가 깔깔거릴 때
검은 뿔테의 남자가 머릴 긁적거린다

저들은 벌써 알아챘을까
머지않아 세상엔 문자만 남아

누구도 소리 내어 사랑을 말하지 않으리라는 것을

내 주머니 속 휴대폰 진동이 울린다
—엄마, 배고파요

그 옛날 뱃속의 그 아이가 보내온 최초의 메시지도
이런 떨림이었다
그때 우린 얼마나 수다스러웠던가

태아처럼 웅크려 잠든 옆자리의 남자가
주섬주섬 바지주머니를 뒤적인다
왈칵, 요란한 컬러링이 쏟아진다

올드 & 뉴

1.
남자가 몸을 뒤척일 때마다
닳아빠진 몸뚱어리가
삐걱, 소리를 낸다

—침대를 바꿔야겠어 남자가 말한다
—응, 오래 써서 헐거워졌겠지
여자가 대답한다

새로 들여놓은 침대 위에서
남자는 낡은 침대를 지우려 애쓴다
오래 매만져 매끄러워진 모서리와
그녀의 땀 냄새가 밴 푹신한 매트까지

2.
언제부터였을까
눈을 감고도 훤하다고 여겼던 우리가
서로에게 어두워지기 시작한 것은

>

돌아누운 네 등은 거대한 벽이다
벽은 우리가 공유한 시간보다
훨씬 두텁고 견고하다
벽 너머엔 내가 모르는 네가 또 겹겹이다

너는 갈수록 표정이 없어진다
몸이 건네는 말을 알아들을 몸이
애초부터 없었다는 듯

사라지는 공

한눈파는 사이
당신은 순식간에 내 손을 빠져나가지
통 통 통 달아나버리지

통, 그 옛날 몰래 쥐어주던 수줍은 쪽지처럼
통, 생머리에 흘러내리는 이슬방울처럼
퉁, 오래된 사랑의 나른한 눈빛처럼

멀어져 가지
애간장을 태우지
달아나는 당신을 따라잡기엔
머리통이 너무 무거워
발만 동동 구르다 주저앉아버리지

당신은 굴러가면서도
점점 멀어지면서도
내 눈과 귀를 고정시키지

내 머리통이 가벼워진다면
아니 말랑말랑해진다면
바람에게 얹혀서라도
당신을 따라잡을 수 있을 텐데

통
　통
　　통

소리에 잠에서 깨
커튼을 젖히면
바로 앞 테니스장에서 솟구쳐 오르는
너무 많은 당신들
무수히 사라지는 당신들

앙코르와트

소녀의 바구니에선 쉰 빵 냄새가 났다

어느 행성에 머물다 왔기에 소녀는 아직 맨발인가

제2부

히치하이킹

눈 내리는 블라디보스토크에 가지 못했네 나는
눈사람보다 빠른 속도로 지워지고 있었네
석양은 그 붉은빛이 바래진 않았을까
몹쓸 그리움으로 이마가 뜨거워지기도 했네
달은 늘 일정한 속도로 차올랐네
햇빛을 주유하러 밤의 정거장에 들를 때마다
나는 배가 조금씩 불러왔네
태어나지도 못한 채 늙어버린 사랑은
아무르 강의 저녁을 그냥 지나쳤네
나는 부리가 붉은 새를 잃어버렸네
깜박 든 잠 속에서 순록을 타고 떠나는 무지개를 보았네
돌아오지 않는 건 새뿐만이 아니었네
어찌하여 태양은 한사코 아무르 강에 와서 빠져죽는가
버릇처럼 라디오는 사랑과 이별을 되뇌고
어두워질수록 분명해지는 한 가지
우리가 아직 한 차를 타고 있다는 것
내가 너를 얻어 탄 것인지
네가 나를 얻어 탄 것인지,

햇살論

안양천 흙탕물이 반지하 셋방을 휘젓고 간 그해 여름
지상과 맞닿은 창가에 아이비를 심었네
닥치는 대로 햇볕을 끌어왔네
젖은 가난을 말릴 수만 있다면
해바라기 꽃잎에 묻은 빛을 슬쩍 훔쳐오거나
달아나는 노을을 낚아채다가 엉덩방아를 찧어도 좋았네
구름이 해를 가로막을 땐 도움닫기를 했네
햇살을 방 안까지 데려오고 싶었네
싼 이자로 햇살을 빌려준다는 소문이 돌기도 했네
사방에 재개발 아파트가 들어섰지만
햇살은 코앞까지 왔다가 발길을 돌리기 일쑤였네
겨울은 언제나 첫눈보다 빠르게 왔네
쪽창엔 얼음꽃만 무성했네
따뜻한 봄은 한낱 뜬소문일 뿐이었네
시든 아이비는 가로막힌 벽 앞에서 비로소 알았네
세상 모든 벽이 내 길이었다는 걸
세상의 모든 그늘이 내 눈이었다는 걸

따개비

휠체어에 앉은 여자가 불편한 몸으로 아기에게 젖을 먹이는 동안

대여섯 살짜리 사내아이가 휠체어 옆구리에 착 붙어서 빈 주스병을 쪽쪽 빨아대는 동안

오후 네 시의 지하철 안, 호기심 어린 눈망울들이 휠체어에 다닥다닥 붙어 있는 동안

감자탕이 끓는 시간

감자탕이 끓으려면 더 기다려야 하는데
제기랄, 그녀의 눈물이 먼저 터지고 말았다
행복한 줄만 알았던 그녀의 눈물 아래
탑처럼 쌓아올린 감자탕이 불안해보였다
감정의 비등점이 저마다 다르다 쳐도
분노든 슬픔이든 폭발하기 직전이 가장 뜨거운 법이다
뜨거움을 벗어나기 위해선 차라리 끓어오르는 거다
그러므로 지금 냄비 속에 담긴 저 감자탕에게 필요한 건
화력을 견딜 최소한의 시간일지 모른다
팔팔하던 채소들이 체념한 듯 주저앉았다
그것은 먹음직스런 감자탕이 되어간다는 증거였다
불길한 예감은 언제나 시간이 흐른 다음
어김없이 현실이 되어 있더라고
불쑥 그녀가 말했다
—나 이제 어떡해?
그녀가 똑같은 말을 되풀이하는 사이
감자탕 국물이 바짝 졸아들고 있었다
잠시 냄비 속을 노려보던 그녀

휑한 냄비에 육수와 채소를 듬뿍 집어넣고는
—다 늙어서 바람이라니, 웃기고 있어 증말!
화력을 최대한으로 올리는 거였다

생일 케이크

지나치게 과장된 밤은 더 이상 오늘이 아니다
감정이 없는 박수 소리,
값비싼 선물꾸러미에 가려진 표정들이여!
우리는 친근함으로 포장된 저 상자의 이중성을 알고 있다
무심코 던진 덕담이 어떻게 흉기로 변하는지
달콤함에 길들여진 생은 또 얼마나 지루한 것인지
타고 있는 양초의 개수만큼 우린 또 어두워질 것이다
먼 길을 돌아오느라 텅 빈 울음주머니를 위해
마침내 유연해진 혀들이 도착하고
시계를 들여다보길 좋아하는 이들은
서로 눈치를 보며 돌림노래를 부르기 시작한다
반환점이 없는 축하는 언제 끝날지 모른다
불빛에 눈이 부신 이들이 일제히 포크를 집어든다
어느 골목에 흘리고 온 울음일까
달콤한 폭죽이 터진다

철로 위의 잠

부엌문 열면 쇠 비린내 훅 달려들던 방, 방값이 싸다는 이유로 덜컥 이사한 계림동 철길 옆 자취방, 낙상한 쥐새끼에 놀란 언니와 내가 잠결에 질러댄 비명 소리에 천장이 다 들썩거리던 그 방, 더위를 앞질러온 모란이 목을 길게 뺀 채 여름을 나던 방, 밤마다 눈은 책상 위에 귀는 아래채 남학생 방 문고리에 걸려 있던 그 방, 철커덕철커덕 펌프를 퍼 올릴 때 넘실대는 양동이 위에서 열여덟 내가 출렁이던 방, 주인집 할머니 잔기침 소리에 문득 새앙쥐 일가의 안부가 궁금해지던 방, 달콤한 새벽잠을 깨운 기차에 선잠으로 올라탔다가 툭 하면 지각을 일삼던 그 방, 환한 기억 속 불면의 나를 시도 때도 없이 깨워대는 덜커덩 덜컹,

종이피아노가 있는 골목

내가 배회하던 그 골목엔
서울서 전학 온 새침때기 짝이 있고
그 아이가 시간 맞춰 치는 피아노 소리와
커튼 너머 식구들 밥 먹는 풍경과
형형색색의 웃음소리가 있네

내 키보다 높은 돌담 군데군데
그 애의 손가락에서 금방 빠져나온 듯한
검거나 흰 가시가 있고
가시에 찔려 울먹이는 내가
방울방울 피워놓은 핏빛 줄장미가 있네

그 골목에서 나는 집으로 가는 길을 잃고 싶었네

가면 갈수록 좁아지는 골목 끝자락엔
내 마음처럼 너덜너덜한 종이 건반이 있네
내 그림자가 무서워져서
허겁지겁 집으로 뛰어가던 그곳

>

골목은 없네
휑한 신작로에
돌담을 허물고 한 여자아이가 튀어나오네
건반이 지워진 피아노를 들고 있네

흔들리는 숲

아픈 나무들은 서로 눈 마주치는 일조차 힘겹다
몸에 연결된 주사약들이 뒤엉켜 몸서리를 치거나
가끔 졸음에 겨운 물푸레나무가 놀라 뒤척일 뿐
숲엔 새 한 마리 날아오지 않는다

자작나무 자작자작 푸른 시절을 되뇔 때면
평생 한 번도 주목 받아본 적 없는 나도밤나무가
너도밤나무를 향해 마른 입술을 실룩거린다
키다리 백양나무도 애써 허리 펴는 시늉을 한다

나무들의 몸이 가벼워질수록 숲은 점점 더 고요해진다
바람 소리만 닿아도 비명이 새어나올 것 같다
백양나무는 자주 눈을 감은 채 고향을 바라본다
그렁한 눈망울엔 더 이상 담을 것이 없다는 듯
숨죽여 다른 나무들의 숨소리에 귀 기울인다

햇살의 부축을 받거나 바람의 들것에 실려 와선
아픈 숲이 되어가는 나무들

저 몸에도 철 따라 꽃피고
새들이 찾아와 노래할 때가 있었을 것이다

벼락 치듯 소란이 스쳐간 새벽
노인요양병원 뒷말을 지나
들것에 실린 자작나무 한 그루가
신음 소리도 없이 숲을 빠져나간다

지는 꽃에 대한 예의

부음을 듣고서야 문득 누군가의 안부가 궁금해지곤 했다

꽃이 있던 자리에 빗방울이 맺혀 있다 떨어진 지 오래된 꽃잎들은 이미 암갈색이다 썩는 냄새가 내 발목을 틀어잡고 놓아주지 않는다 썩는다는 건 맨 처음으로 되돌아가려는 몸부림, 그러나 벌나비의 손길을 기억하는 초록은 아직도 선명하다 떠나고 남는 일이 이토록 간단해서 계절은 가차 없고 세월은 무심하다 미리 준비하지 않아도 여름은 충분히 뜨거웠으므로 시들어가는 장미를 모른 척하기로 한다 기억을 뒤져 부드러운 가시마저도 완전히 뽑아낸다 막바지 땡볕에 꽃들의 비명이 잦아져도 더 이상 물 한 모금 건네지 않는다 한 계절 죽을힘 다해 살아낸 저 꽃잎을 위해 더 이상 한 줌 흙조차 함부로 덮지 말 일이다

늦여름 꽃밭이 부쩍 넓어지고 있다

총알탄 사나이

마술처럼 눈앞에서 펼쳐졌다가 사라지곤 했던 광경이 바깥 풍경과 엉켜 휙휙 스쳐간다 아직 귀가하지 못한 별 하나가 차 안을 흘깃거린다 한방이면 돼, 사내는 어금니를 악물고 주먹을 불끈 쥐었다 폈다를 반복한다 금요일 밤부터 월요일 새벽까지 낮과 밤을 저당 잡혀 손에 넣은 총알은 오직 한 방을 꿈꿔왔다 총알은 제 멋대로 사내 손을 빠져나갔고 오발의 상처는 나날이 그 뿌리가 깊어졌다 노모가 몸져눕고 아내와 아이들이 뿔뿔이 흩어졌다 사내에게 지옥으로 가는 길은 캄캄한 새벽이고 천국으로 가는 길은 늘 환한 밤이다 달리는 택시 밖에서 백미러가 그를 감시하고 있다 서울이 가까워질수록 졸음이 몰려온다 내려앉는 눈꺼풀을 지그시 누르며 계속해서 속도의 덜미를 잡고 있는 안개, 집으로 가는 길이 점점 희미해지고 있다 천국으로 돌아가기 위해 더 맹렬히 날아가야 한다 그는 방금 지옥행 택시에 장전된 총알이다

흘러간 연애

그 여자, 한사코 이십 년 전 편지의 행방을 캐묻고
그 남자, 그녀와 자주 앉았던 등나무 벤치를 떠올리고

흘러간 가수는 계속해서 흘러간 노래를 부르네

증발해버린 마지막 편지가
서로 다른 시점에서 공회전하는 동안
시간은 추억까지 마구 뒤섞어놓은 걸까
남자와 여자의 간극이 가수의 기타 줄마냥
끊어질 듯 늘어질 듯

추억이 강렬했던지
현실이 견고했던지
탁자 위의 촛불이 탁 꺼지는데
잠깐이라도 실낱같은 바람이 깃들었을지 몰라
그 남자, 타다 남은 심지에 불을 붙여보는데
아뿔싸, 불꽃은 다시 타오르지 않네

시간은 때때로 노래보다 더디게 흘러가네

여자의 시선은 자꾸만 어두워진 창밖을 향하고
여자의 옆얼굴을 물끄러미 바라보는 남자
어느새 사랑은 썰물이 되어 멀리 떠나갔네*

흘러간 가수는 흘러간 노래를 부르고
흘러간 연애는 흘러간 노래 속에 있고

---

* 임지훈의 노래 〈사랑의 썰물〉 가사.

건조주의보

오늘도 기상 캐스터는 불조심을 강조하네
그런 날은 내 몸이 순식간에 시커먼 재로 변하는 악몽을 꾸네

한때 나는 촉촉하고 보드라운 흙이었네, 한 남자
너무도 당당히 부쳐 먹고 살았네
아니지, 어쩌다 날아든 홀씨 하나
이젠 그 뿌리가 너무 깊어
어쩌면 그도 체념으로 살고 있는지 몰라
물 주고 거름 주고
내 피를 먹여 웃자란 잎들
—여긴 너무 숨 막혀
호시탐탐 박차고 나갈 궁리를 하네
곰곰 생각해보면 나는
주먹만 한 뿌리 속에 한잠 들었다가
봄이면 짠! 손가락이며 발가락을 꺼내 보이는
구근식물을 키우고 싶었는지 몰라
잎 지고 꽃 져도 뿌리만은 쌩쌩하게 살아있는,

천지사방 꽃피는 소리에
이제라도 나를 확 갈아엎어봐?
불 한번 싸지르고 싶어지는 봄날,
메마른 나를 데리고 바람에게나 가야겠네

연어

폐지를 가득 실은 리어카 한 대
일방통행 도로를 역주행하고 있다

백발성성한 할아버지와
조금 덜 성성한 할머니가
뒤에서 끌고
앞에서 밀고
차들이 경적을 울려대도
서두르거나 머뭇거리지 않는다
불룩한 배를 뒤뚱거리며
사력을 다해 거슬러 오른다

빌딩 사이로 보이는
〈한강고물상〉
간판이 흐릿하다

억새

너의 전생은 필시 힘센 장수였으리
낯선 땅에 내딛은 첫발이었으리
변변한 무기 하나 없는 백만 대군이었으리
하얀 투구에 감춘 눈빛은
불을 품은 화살보다 단호했으리
평생 닫아본 적 없는 두 귀로
멀리서 해일처럼 몰려오는 적군을 알아챘으리
병사들, 일제히 몸을 낮추었으리
그리하여, 은빛 함성에 놀라 물러간 건 바람이었으리
죽어서라도 펄럭이는 자신을 지키고 싶은,
끝내 하늘을 우러러 부끄럼 없는 죽음이었으리

이사

빛바랜 습작노트를 버리고
아직 푸른빛이 역력한 선인장을 버리고
한때 아이들이 끔찍이도 사랑했던 곰 인형을 버리고
세계명작전집과 백과사전까지 버리고 나니
다 커버린 아이들 웃음소리만 까르르
휑한 이 방 저 방을 굴러다닌다
문틀에 스민 발자국들은 몽땅 보관하기로 한다
보관하거나 버리기도 어정쩡한 추억들은
모르는 척 그 자리에 두기로 한다

늙은 집을 리모델링하기 위해서
모든 것은 세 가지로 분류된다

버려지거나
보관하거나
임시거처로 옮겨가는 것

꼼꼼하게 포장된 세간살이들이

컨테이너에 실려 떠나고
미처 분류되지 못한 그녀가
두리번거리며 새 주소를 찾아간다

붉은 장미 책갈피

그대가 즐겨 쓰는 라벤다 향 비누 냄새와
물기가 가시지 않은 오른손 검지를
난 아직 기억하고 있습니다

그대가 등 구부려 나를 바라볼 때에만
나는 붉디붉은 장미로 피어났으니까요

창가의 키 작은 책꽂이에서
골방의 책장 속으로까지 흘러오면서도
이별이 이리 길 줄은 몰랐습니다

무심하게 내달리는 시계 초침 소리가
쿵쿵 가슴을 칩니다
어둠 속에 웅크린 내 온몸은 귀가 되어
한밤의 빗소리에도 바짝 촉수를 세웁니다
행간 하나하나에 배어 있는 그대 숨결
갈피갈피 낡아가는 지문을 읽고 또 읽습니다

생의 한 페이지에 쓰윽, 나를 끼워 넣고는
까맣게 잊고 살아온 그대,
건잡을 수 없는 속도로 넘어가 버린 페이지가 생각나
문득 펼친 책 속에서
내가 툭 떨어지기라도 한다면
그대가 툭! 하고 놀라기라도 한다면

불멸의 링

사각의 링은 여전히 적진을 탐색 중이다
상대를 노려보며 빙글빙글
도전자도 챔피언도 함부로 공격하지 않는다
동창모임 갔다가 늦게 돌아온 저녁
때맞춰 K－1 막이 올랐다
덤벼, 덤벼!
목소리가 한 옥타브 올라가는가 싶더니
퍽, 묵언의 주먹이 날아든다
뒤통수가 따끔하다
설거지를 하다 말고 나는
열린 문틈으로 맞은편 코너를 살핀다
집어삼킬 듯 이글거리는 눈빛
마우스피스 속에 감춰진 혀
목소리 죽이고 사는 동안
당신은 독버섯처럼 올라오는 입속의 말들을
비명으로 내지른 것인지 모른다
시간은 얼마 남지 않았는데
제대로 한 방 맞은 선수가 비틀거리자

카메라가 재빨리 그를 클로즈업 한다
한방 더, 얍!
오늘따라 거침없는 당신의 기합 소리
나도 모르게 행주를 짜던 손에 불끈, 힘이 들어간다

꽃의 발자국을 따라가다

휠체어가 멈추면 재봉틀이 달리기 시작한다

창밖의 꽃들이 지쳐갈수록
창 안의 꽃들은 풋풋하게 살아난다

색색의 원단에 라일락이 만발한 오후
검지에 핀 피멍이
혹시 묻어 있을지 모를 통증을 후우 불어낸다
간밤의 파란(波瀾)을 말해주듯
유리창엔 발자국 어지럽다
닳아빠진 노루발 같기도 하고
꽃의 발바닥 같기도 한,

그녀에게 발자국이란 허공에 찍는 지문 같은 것
태어나서 한 번도 본 적 없는 발자국이
젖은 꽃잎을 뒤적인다
덜컹대는 유리창에 찰싹 붙어서
뒤집혀진 몸 다시 뒤집는다

>

바람이 잠시 잠잠해진 틈을 타
꽃잎들 하나 둘 발을 뗀다
바람의 손목을 꽉 움켜쥔 채 어디로 가려는 걸까
차르륵 차륵
저, 무수한 발자국들은

초보 정원사

그는 완성된 정원을 한 번도 본 적이 없다
여러 종류의 가위를 갖고 다니지만
실제로 사용하는 가위는 몇 개 되지 않는다
나무들은 늘 그의 손길을 기다리는 중이다
사람들은 그를 담쟁이라고 부른다
타고난 붙임성이 보육원 울타리 담쟁이를 닮아서다
정원 곳곳엔 그가 묻어둔 상처가 자라고 있다
나무들은 함부로 그의 비밀을 누설하지 않는다
뿌리를 감싼 흙이 완전히 단단해진 다음에야
나무는 비로소 당당하게 초록을 드러낸다
잘 다진 터에다 나무를 옮겨 심을 때
그는 마치 집 짓는 건축사 같다
한낮의 온기를 고루 나누고
어둠까지도 공평하게 분배하는 일
그것은 나무의 생을 온전히 꿰고 있는
별들의 소관이라고 그는 어렴풋이 믿고 있다
언젠가 피붙이들이 자신을 알아볼 날이 올 것이라는 것을,
그래서일까

여전히 곁가지 쳐내는 일이 서툴다

그에겐 너무 잘 드는 가위가 세상에서 가장 무섭다

에덴은 없다

태초에 소녀가 있었다
사탕 맛 대신 젖은 빵 맛을 먼저 알아버린
눈물이 있었다

태초에 소년이 있었다
짐승의 농간에 빠져 덜 익은 사과를 덥석 베어 먹은,
벅수가 있었다

제3부

세꼬시

어디서 보았을까
선한 살집 속에 보란 듯이 버티고 있는
저 완고한 뼈!

삼킬 수도 뱉을 수도 없어
입속에 쟁여둔 말
하나쯤
누구에게나 있다!

고래

빈 술병 속에 가둔 자신을 멍하니 들여다보다가

악다구니 어머니를 단숨에 들이켜는 아버지

귓구멍 단단히 걸어 잠근 채

앉은뱅이 밥상 위에서 날마다 굳어가는 아버지

만지면 마른 멸치마냥 부서져 내릴 아버지

빗속에 술 사러 간 언니들은

영영 돌아오지 않고

빈 술병에 빗물 차오르듯

복수(腹水)가 부풀어 오르는 아버지

가느다란 고무호스를 물고

캄캄한 바다 속으로 천천히 가라앉는 아버지

봄날의 성찬

먹이를 찾아 숲속을 헤맨 까치가
지친 다리를 나무 위에 내려놓습니다
키 큰 상수리나무는 아직 이파리 돋우느라 분주하고
햇빛 알갱이들이 비집고 들어온 숲속은 투명합니다
햇살의 유혹을 견디지 못한 지렁이 한 마리
꾸물꾸물 낙엽더밀 헤치고 나옵니다
순간 까치눈이 번쩍,
집게 같은 부리로 지렁이를 낚아챕니다
막 날개를 펴려는데
고양이 한 마리가 몸을 날려
까치를 덮칩니다
멀리서 가까이서
음악처럼
새들 지저귀는 소리 시끌벅적합니다

동백 한 채

소리가 빠져나간 집은 폐선처럼 고요하다
이월 햇살이 바람보다 날카로운데
꽃망울 몇 앙다문 채
동백은 소리를 져 나르던 바람이라도 기다리는가
창문이 덜컹거릴 때마다
온몸 쭈뼛쭈뼛
실눈 치켜뜨고
필까?
말까?

어머니 꿈속은 벌써 봄인가 보다
종종걸음이다가 또 한없이 늘어지는 숨결
바람이 창문을 열어젖히자
둥 둥 두둥

불현듯 말문이 터지는
동백 한 채

그 많던 나비는 다 어디로 갔을까

구닥다리 자전거는 아버지의 날개였다
집채만 한 담배 박스를 싣고
훨훨
함평 천지 안 가는 데가 없었다

담배 박스마냥 아버지 등허리에 찰싹 달라붙어
울퉁불퉁한 황톳길을 달릴 때면
도시로 나간 언니나 오빠가 하나도 부럽지 않았다
내 노래 사이사이
자운영 꽃밭 위를 날던 어린 나비들

나는 자운영이 나비를 낳는 줄 알았다

—저 나비들이 크면
더 넓은 세상으로 날아가는 거란다

나비들은 구름 속에서 숨바꼭질을 하기도 하고
멀리 유채꽃밭까지 날아가기도 했다

—그 많던 나비는 다 어디 가고 사람구경이구먼!
아버지의 혼잣말만 귓가에 나풀대는데
축제에 모인 사람들이
나비를 보겠다고 우왕좌왕 몰려다닌다

오월 들판에선 사람이 나비다

되 혹은 말

1

어쩌다 심부름 좀 시킬라치믄 슬그머니 책상 앞에 가 앉던 우리 셋째 딸년 안 있능가 공부, 공부 혀쌓는 품새가 필시 뭐가 되도 되겄다 싶었제 아닌 밤중에 홍두깨라더니 서울로 취직하러 간 줄로만 알았는디 글씨, 가진 것이라곤 달랑 불알 두 쪽뿐인 어떤 놈허고 눈맞어부렀다는구먼 엠병헐, 기백만 원이나 되는 학자금 융자빚 갚을 일이 꿈만 같은디다 불쏘시개로도 못 써먹을 대학졸업장 아닌가

2

키 크고 인물도 젤 좋은 큰 딸년은 시방 군청 공무원인디 그때나 지금이나 공무원 될라믄 월매나 힘든가 그년이 본시 공부를 죽자고 싫어혀서 중학교로 종쳤는디 동생들 밥 해주고 남는 시간 술렁술렁 간호보조학원이란 델 댕겼든가벼 뭔 자격증을 땄다고 자랑혀쌓드니 시골 어디 보건소엘 들어가대 허드렛일이나 거드는 임시직원말여 한 몇 년 허다가 정식 공무원이 되았다 허드라고, 뭔 수를 워찌케 썼능가는 몰라도 그년이 그랑께, 되로 배워 말로 풀어먹는 년 아니겄능가잉!

말복

첫 단추 잘못 끼워 뒤틀린 팔자 고쳐 끼워봐야 말짱 도루묵이랑게 꽃 같은 스물둘에 잘 댕기던 직장 때려치고 오라비 앞질러 시집갈 때부터 자껏 확 틀어져부렀어야 자식새끼도 없는 내외 갈라서기는 식은 죽 먹기제 독수공방할 팔자는 아니였능가 빌어먹을 영감탱이, 늙은 사위는 죽어도 안 볼란다고 버틸 줄만 알았더니 뭔 맴으로 덜커덕 짝 지어줬능가 몰라야 팔자도망은 독 안에 들어도 못헌다더니 옛말 그른 것 하나 읍서야 딸 넷 중에 인물이 빠지냐 가방끈이 짧으냐 그년이 속은 좀 유들유들허간디 암만 헌 각시라도 애비 같은 재취자리가 말이나 될 것이여 기왕에 합쳤으니 걸리적거릴 것 없는 두 화상 알콩달콩 사는가 싶더니만 마른하늘에 날벼락이제 십년도 못 채우고 사단이 안 나부렀냐 막내란 년, 지 서방 암 수술에 똥줄 꽤나 탈 것인디 시방 조막만 한 애간장이 월매나 쫄았을꼬 하늘이 암만 무심혀도 뭔 일이사 있겄냐 오살년 그년, 병원에서 끼니나 찾아 묵능가 모르겄다 복날엔 그저 삼계탕이 질인디 셋째야, 엔간허믄 니가 병원에 한번 들여다봤으믄 쓰겄다 어쩌겄냐 산 사람은 살아야제 날은 왜 이리 쌂아댄다냐 이만 끊자잉!

경칩 무렵

늘그막에 망신살이지 원, 내 생전엔 의사 앞에 다리 벌리고 누울 일 없을 줄 알았더니만 염병헐, 오줌보는 왜 성깔을 부리나 고장 난 걸 짐작은 했어도 어디 내놓고 말할 데가 있어야지 이제 막 정붙인 그 영감탱이는 속도 모르고 봄 되면 꽃구경 가자고 설레발쳐대지 큰아들네 미국 나가 살아 둘째 내외는 둘 다 학원 선생이라 바쁘지 우물쭈물하다 그만 오줌보가 쑥 빠져버린 거야 남세스러워 병원엔 아무도 얼씬 말라고 했다니까 간병인이나 사달라고 했지 자식들은 뭐 하러 고생시키나, 그쟈?

신참 할머니의 수다에
일곱 개의 침상이 일제히 들썩거리는데
젊거나 늙은 여자 몇
손뼉을 치며 배꼽을 잡다가
혀를 끌끌 차다가
열흘째 시어머니 간병에
옴짝달싹 못한 오금이
별안간에 쫙 펴지는 것인데

뱀 만난 개구리마냥 폴짝
병실 밖으로 튄 것인데
언제 쳐들어왔는지 봄볕이
복도 창틀에서 미끄럼을 타느라
엉덩방아를 찧고
꼬꾸라지고
지랄발광을 해대는 것인데
때마침 바람이 맞장구를 쳐대는 것인데,

회산 백련지*에서

꽃구경일랑 다리 짱짱할 때나 하는 것이제
고장 난 다리 부릴 데라고는 저승뿐이랑께

불그죽죽 핏줄 도드라진 정강이며 쭈글쭈글한 장딴지가
영락없는 속 빈 홍두깨다
몇 남지 않은 신경세포들이 발광하듯
뼛속에 길을 내고 있는 거다
발설 못한 통증의 씨앗들도
짱짱한 막 뚫고 나와
마침내 붉은 눈물을 쏟는 거다

연못 위에
엄니 다리 같은
구멍 숭숭한 연뿌리 하나
둥둥 떠 있다

---

* 전남 무안군 일로읍에 있는 동양 최대 백련 자생지.

스턴트맨

뭐, 위를 넘볼 생각일랑 진작에 접었어라우. 평생 엎어지고 까무러치느라 워디 한 군데 성한 데 없어도 맘 편히 한번 눈 붙인 적도 없당게. 아프지 않은 생이 어디 있겄소마는 몸에 든 멍보다 마음에 든 피멍 땜시 맨 정신이 아닐 때가 더러 있었는디, 저 아래선 만장 같은 물안개 솔솔 피어오르제 여름날 무지개는 어느 홍등가 불빛 같더란 말이시. 저기가 무릉도원인가, 엿볼 새도 없이 하믄, 다 잊어불고 나를 부려불고 싶은 날도 있었제. 나라고 아랫목에 배 깔고 눕고 싶은 날 없었겄소. 파스로 도배헌 몸뚱어리 인자는 영영 못쓰는가 싶다가도 워디서 또 고런 힘이 나오까이. 신새벽 벼락같이 털고 일어서는 거 보믄 참말로 요상혀라우. 어느 날은 머리통부터 박아보기도 허고 또 어느 날은 이단옆차기 맹키로 냅다 발부터 날려도 봤는디 아프긴 매한가지랑게. 시방도 눈뜨믄 확 무섬증이 일곤 허는디 모진 것이 목숨인지라 어쩌겄소. 내 비록 번듯한 이름 하나 없는 폭포 같은 생이지만, 그저 눈 딱 감고 더 낮은 데로 흐르다 보믄 언제고 바닥을 칠 날도 오기는 허겄지라우?

하이페리온 노인정 홍쌍순 여사는 통화 중

회장니임, 저 홍인디유. 오늘 친구분들이랑 온천나들이는 잘 댕겨오셨쥬? 다름 아니고 화장실 변기 뚫어서 시원허게 잘 내려가구먼유. 검버섯 지운다고 빙초산 바른 감초할마씨 있쥬? 흉터가 심해졌는지 오늘은 아예 얼굴도 안 내미네유. 그나저나 그런 걸 비법이라고 귀띔혀준 정여사가 큰일났시유. 그라고 맨날 일등으로 출근하는 조할머니가 간밤에 설사가 안 멈춰서 응급실 실려갔다는디유. 소화젠 줄 알고 먹은 알약이 글쎄 손녀딸이 먹던 변비약이었다지 뭐유. 지난주에 며느리 집들이 헌다고 딸네집으로 쫓겨 간 공여사도 아직 소식 없구먼유. 영감 보내고 드러누웠던 한여사가 오랜만에 야쿠르트 사들고 발걸음했더랬시유. 그나저나 회장니임, 내 진짜 더러워서 사무장 못해먹겄시유. 회비 달라고 말했다가 40층 그 쌈닭년이 다짜고짜 성을 내는 바람에 한바탕했는디유. 일 년에 삼만 원 내는 회비가 많네 부담이네 하여튼 있는 것들이 더 무섭당게요. 내 나이도 칠십인디 나이 쬐끔 덜 먹은 것이 뭔 죄래유. 참, 점심나절에 동에서 실태조사 다녀갔구먼유. 회원 열 명에 쌀 한 포대로 빠듯하다고 엄살 좀 떨었시유. 먹는 거라믄 사족 못쓰는 박할머니 말여유. 사흘째 감기가 만창이라 옴짝달싹도 못허나봐유. 아들 내외 해외로 골프 치러 가고 없다는디 내일도 얼굴 안 비치믄 한번 들여다볼 참이여유. 해거름엔 새로 이사 온 영감님 한 분 왔다 갔구먼유. 할아버지 방이 코딱지만 허네 썰렁허네 불평만 늘어놓다가 핑 갔시유. 전화번호 받아놨응게 회장님이 말 잘혀서 나오시게 해봐유. 회장님도 말동무 생겨 좋쟈너유. 점심엔 입이 고작 셋뿐이라 북경반점 짜장면으로 때웠시유. 회장니임, 내일은 꼭 나오시는 거쥬? 그라믄 이만 끊어유.

겨울비에 찔리다

못쓰는물건내다버리는데도돈드는세상이라어떤놈이그돈애끼자고인심쓰는척노인정에갖다부린것이제텔레비전이라고씨팔,대문짝만치크기만허제당최비가와서원…

눅눅해져서 돌아온 엄니가
구시렁거리는 저녁 핏대를 올리며
역정을 내다가 저녁도 뜨는 둥 마는 둥
텔레비전 앞에 앉는다

하필이면 뉴스에선
아들 내외 해외여행 따라나섰다가
이국땅에 버려진 노부부 소식을 전하고 있었다

멈출 줄 모르는 노부부의 눈물이
때 아닌 비가 되어
혹한의 지구 반대편까지 흘러드는 거였다
화면이 바뀐 뒤에도 비는 계속 퍼부었는데

>

갑자기 날카로운 송곳에
심장이라도 찔린 듯 오싹해지는 거였다
아침이면 당연하다는 듯이
노인정으로 등 떠밀었던 나는,

아들 주사

모처럼 아들 앞세우고 응급실 간다

한 두어 시간 지나
공원 마실 다녀오듯
돌아온 어머니
언제 그랬냐는 듯
늦은 점심을 차리라 한다

—와! 어떻게 금방 좋아지셨대요?
—잉, 주사 한 방 맞고 왔다

남편이 나에게 한쪽 눈을 찡긋해 보이자
나는 덩달아 큰소리로 답한다

—그 주사 뭔 주산지 참말 직방이네요!

단축번호 5번

엄마는 외할머니가 5번이네?
난 엄마가 1번인데
휴대폰을 만지던 딸아이가 말한다

1번이 2번 되고
2번이 3번 되는 거란다

한 발 한 발, 뒷걸음질 치다가
벼랑 끝에 선
어머니

무당벌레

그녀는 화려하게 왔다
점박이 무늬 원피스를 입고
엉덩이를 삐죽거리며
토란잎 위에 구르는 이슬방울처럼
위태롭게

온몸에 붉은 햇살을 휘감고서
아버지의 생애 속으로 숨어들었다

걸음을 뗄 때마다
원피스에서 점박이들이 요란하게 쏟아졌다
아주 작은 무늬가
사람들 입방아 위에서 눈덩이처럼 커졌다

내 키보다 큰 꼬챙이를 들고 점박이 무늬를 쫓아갔다
바람 따라 발자국 따라 다다른 곳은
낯선 양철대문 앞
나는 어린 남동생과 함께 함정을 팠다

손이 부르트도록 파낸 구덩이를 흙으로 살짝 덮고선
—빠져 뒈져버려라!
나와 동생이 주문을 외는 사이
아버지가 양철대문을 열고 나왔다

여드레 만이었다

바람의 속도를 읽다

내가 속도에만 집중하는 동안, 너는
내가 모르는 길을 가고 있었구나

날짜; 10월 10일 11시 34분
장소; 경춘 국도 46번 도로
위반 내용; 규정 속도 23킬로미터 초과

경주마처럼 한 길로만 달려온 너도
가끔은 야생마이고 싶었을까
낯선 풍경 속
고화질 렌즈에 잡힌 것은
바람을 통과하는 네가 아니라
너를 강타한 바람의 속도

순간 너는 바람이고 싶었으리
창틈으로 새어나온 가쁜 숨소리가 망막을 어지럽힌다

초록이 온힘을 다해 햇살을 끌어당길 때

숲은 절정을 향해 치닫고 있었으리
너도 조금씩 물들어갔으리

상상의 꼬리는 끝이 없어
하늘과 구름과 숲이 앞다퉈
달리고,
달려서,
달리는,

바람의 속도를 읽어내기란 쉽지 않다
무작정 브레이크를 밟자
몸은 겨울 쪽으로 쏠린다
와락, 달려든 바람이 차다

꽃샘추위

봄은 일찌감치 소문부터 파다해서요
꽃구경 나온 사람들로 거리는 술렁이고요

아이는 세발자전거를 타고
엄마는 아기가 탄 유모차를 끌고
횡단보도 앞에 멈춰요
길 건너 공원엔 어느새 사람꽃 만개했고요
근엄한 명령처럼 신호등은 바뀌고요
일방통행 5차선 반도 못 가서 덥석,
덜미를 잡는 황색등
어떡해! 어떡해!
엄마는 발만 동동 구르고요

휑한 보도 위에 얼어붙은 일가(一家)
그들을 불안하게 움켜쥔 무수한 눈망울

자전거에서 내린 아이가
한 손으론 자전거를 끌고

다른 한 손은 위로 번쩍 치켜들고 앞장서는데요

목련 꽃봉오리 하나,
벙글락말락
횡단보도를 건너가는데요
줄줄이 멈춰선 자동차들
꽃봉오리 언제 벌어지나
숨죽여 지켜보더라니까요

감나무 벽화

뒤란의 감나무, 졸린 눈 막 비비던 참이었는데
논뙈기 밭뙈기 죄 빚쟁이 손에 넘어갈 때
오메오메 엄니는 가슴팍만 쳐댔는데
밤새 떨어진 감꽃을 주워야 하는데
길이란 길은 다 안개가 삼켜버려
나는 옴짝달싹못하는데
죽은 아버지, 말 대신 가래만 뱉어내는데
내 눈 속에 곰팡이처럼 돋아난 잎사귀들이
가끔 별빛으로 아른거렸는데
나는 감나무보다 더디게 자랐는데
하루도 못 가 시들어버린 감꽃목걸이처럼
내 일기장엔 명랑한 말씨가 말라갔는데
하나 남은 까치밥마냥 쪼그라든 아버지
밤마다 바람 소릴 붙들고 안간힘 쓰는데
가랑가랑 마른 감잎 뒤척이는데
내년 봄엔 세상없어도 도배를 새로 해야 한다고
엄마는 자꾸만 버짐 핀 내 볼을 쓰다듬는데

해설

부재와 결핍의 만화경(萬華鏡)

고영 시인

1.

누군가 '부재와 결핍'을 비유적으로 비교했던 짧은 글을 읽은 기억이 난다. 사바나의 수사자에게 독수리의 날개가 없는 것은 '부재'이지만, 바람에 휘날리는 암갈색 갈기가 없다면 그것은 '결핍'이라고 했다. 즉, '없음'이 고유의 특성에 아무 변화도 만들지 않으면 부재, 변화를 만들면 결핍이라는 것이다. 덧붙여 부재는 자연스러운 것이기에 상상을 통해 충분히 극복이 가능하지만, 결핍은 그와는 달리 인과적이고 폭력적인 양상을 띠기 때문에 상상만으로는 극복하기 어렵고, 이 곤란으로부터 행위의 정당성이 부여되기도 한다는 것이었다.

시작(詩作)에서는 어떨까? 유성애 시인의 원고를 앞에 놓고 생각해본다. 자연스러운 부재가 상상을 자극해서 한 차원 높은 사유의 지평에 닿게 되는가, 아니면 결핍이 초래하는 곤란이 시적 형상화라는 언어의 프리즘을 통과해 검게, 또는 희게 가려졌던 장막을 걷고 형형색색으로 꽃처럼 피어나게 될까? 아무래도 '시'에서는 결핍이 부재보다 극복하기, 아니 형질(形質)을 바꿔 불러내기 더 쉬울 것 같다는 생각이 앞선다.

늘 목이 마른 그 상자는 뚜껑이 없다는**데** 아니 속이 훤히 보이는 뚜껑이 있기는 하다는**데** 으슥한 골목길에서 주로 등장하는 상자 속엔 흉터투성이 조각달이 들어 있다는**데** 달은 일그러진 심장을 자동차 헤드라이트에 비춰본다는**데** 젖은 달을 걱정해 모여든 사람들은 저마다 고갤 갸웃갸웃 제 그림자만 빠트리고 돌아간다는**데** 밤이면 곤한 별들이 조용조용 반신욕을 즐긴다는**데** 모두가 열어보고 싶어 하지만 아무도 열지 못한 그 상자 속엔 새 유리구두 한 짝만 들어 있다는**데** 코끼리를 닮은 바오밥나무와 눈먼 나비가 산다는**데** 어떤 이는 이빨이 하나도 없는 악어를 보았다고 낄낄대는**데** 돌멩이 하나 던지면 터엉, 소리가 끝도 없이 가라앉는다는**데** 상자는 갈수록 조금씩 깊어진다는**데** 간혹 늙은 바오밥나무가 상자 밖으로 밀려나기도 한다는**데** 모서리가 닳아 둥근 그 상자는 우울한 기억을 사탕처럼 녹여 먹는다는**데** 아니 흙이 잔뜩 묻은

신발만을 기억한다는**데** 유독 단정한 아이들을 좋아한다
는 그 상자는,

—「웅덩이에 대한 사소한 편견」 전문

시인은 친절하게 '웅덩이≤그 상자'라는 것을 제목과 첫 행을 통해 보여준다. 또, 시행 전부가 '~다는데'라는 전언이나 추측의 형식을 지니고 있다. 하지만 이 작품의 '그 상자'는 지극히 현실적인 '웅덩이'이기 때문에, 즉 '판도라의 상자'처럼 신화적인 속성을 전혀 가지고 있지 않다. '~다는데'라는 어미 형식은 단순한 전언과 추측의 범위를 벗어나 시인의 바람이나 기대가 적극적으로 개입된 상상의 형식으로 진화한다. 실제 작품에서 "모두가 열어보고 싶어 하지만 아무도 열지 못한 그 상자 속엔"이라는 부분을 경계로 이런 상황이 일어난다. 경계의 앞부분 '~다는데'는 현실에서 제법 있을 법한 상황들이지만 일종의 몽환(夢幻)처럼 그려지고 있고, 뒷부분의 내용은 바람이나 기대가 상상으로 그려지지만 앞에 비해 더 생생한 현실성을 획득한다. 이 차이는 결국 시인의 '의지'가 시의 내용에 개입하느냐, 하지 않느냐의 문제일 뿐인데, 이것이 이번 시집의 가장 큰 특징이라 할 수 있다.

이번 시집의 많은 작품들이 이와 같은 형식을 띤다. 즉, '비유 되는 대상보다 비유하는 대상이 크다'는 것으로 드러나기 때문에 일종의 '전략'이라고 봐야 하겠다. 다만, 시가 지

나치게 선명해지는 단점은 극복해야 할 과제다.

2.

유성애 시인은 강한 비유의 힘으로 '부재와 결핍의 만화경(萬華鏡)'을 펼쳐 보여준다. 만화경을 신기하게 만드는 거울이 문자의 형태로 백색의 단조로운 배경 위에 찍혀 있으므로, 펼쳐놓았다는 표현이 맞을 것이다. 그래서 우리는 각자 상상의 색채(色彩)를 입혀야만 이 만화경을 제대로 즐길 수 있다. 또, 만화경을 재밌게 만드는 마술 중 하나는 거울에 달려 있는데, 거울은 빛의 입사각에 따라 상(像)을 반사하거나 굴절, 왜곡한다. 직선적으로 언급되는 정보는 그대로 튕겨 나가거나 그대로 통과해버리지만, 시는 거울 앞에 미세한 체를 드리워 달려드는 모든 상을 흔들어 왜곡한다. 시인은 이 사실을 누구보다 잘 알고 있는 듯하다.

뒤란의 감나무, 졸린 눈 막 비비던 참이었는데
논뙈기 밭뙈기 죄 빚쟁이 손에 넘어갈 때
오메오메 엄니는 가슴팍만 쳐댔는데
밤새 떨어진 감꽃을 주워야 하는데
길이란 길은 다 안개가 삼켜버려
나는 옴짝달싹못하는데
죽은 아버지, 말 대신 가래만 뱉어내는데

내 눈 속에 곰팡이처럼 돋아난 잎사귀들이
가끔 별빛으로 아른거렸는데
나는 감나무보다 더디게 자랐는데
하루도 못 가 시들어버린 감꽃목걸이처럼
내 일기장엔 명랑한 말씨가 말라갔는데
하나 남은 까치밥마냥 쪼그라든 아버지
밤마다 바람 소릴 붙들고 안간힘 쓰는데
가랑가랑 마른 감잎 뒤척이는데
내년 봄엔 세상없어도 도배를 새로 해야 한다고
엄마는 자꾸만 버짐 핀 내 볼을 쓰다듬는데

—「감나무 벽화」 전문

삶은 가끔 우리가 전혀 기대하지 않는 방향으로 흐르곤 한다. 이 글에 비춰보면 결코 그렇게 되지 않을 것 같은 일이 일어나는데, '결핍에서 부재로' 기우는, 즉 오늘의 내게 거의 아무런 영향도 미치지 못하는 것 중에 '가족'이 있다. 특히 내가 하위 구성원이었을 때 가족이라는 운명공동체의 핵심은 '아버지, 어머니'가 당연하다. 이들은 내가 죽을 때까지 내 삶의 근본 요소로 작용할 것 같지만, 실상은 그렇지 않다. 시인은 이를 「단축번호 5번」에서 확실하게 보여주는데, "엄마는 외할머니가 5번이네?/난 엄마가 1번인데"라는 딸의 말을 통해 일종의 생의 비의를 드러낸다.

인용 작품은 그 '아버지/어머니'가 '나'와 동시에 얽혀 있는 유일한 작품인데, 시집 전체에 걸쳐 파편으로 흩어진 두 초상(肖像)이 온전한 형상으로 드러난다. 아버지는 "집채만 한 담배 박스를 싣고/휠휠/함평 천지 안 가는 데가 없었"(「그 많던 나비는 다 어디로 갔을까」)던 인물이다. 그래서 그랬는지 「무당벌레」가 "온몸에 붉은 햇살을 휘감고서/아버지의 생애 속으로 숨어"드는 걸 허락했고, 종내는 "논뙈기 밭뙈기 죄 빚쟁이 손에 넘"겨주고 만 "바람둥이에 노름꾼 아버지"(「마트로쉬카」)였다. 반면에 어머니는 "내년 봄엔 세상없어도 도배를 새로 해야 한다고" 괜한 소리를 하며 "자꾸만 버짐 핀 내 볼을 쓰다듬는" 다소 현실감이 떨어지는 존재로 그려진다. 여기서 화자는 "감나무보다 더디게 자랐"다거나 "내 일기장엔 명랑한 말씨가 말라갔"다는 부분을 통해 적극적으로 개입할 수는 없었지만, 사태를 인식하고 있었다는 점을 은연중에 드러낸다.

이 작품에 주목하게 된 이유는 바로 거기에 있다. 시인은 그것이 경제적이든 정서적이든 결핍이 초래되는 순간을 인식할 수 있는 눈과 의식을 이미 갖추고 있었던 듯하다. 그러나 시인은 어떤 이유에선지 적극 개입하지 않거나, 적극적으로 대응하는 자의식을 계발하기를 주저한다. 작품을 통해 유추하자면, 「마트로쉬카」의 "배꼽 없는 인형"으로 스스로를 자리매김하면서 "몇천 번 죽어야만 그럴듯한 운명은 시작되는 걸까요 갈래머리에 낮은 코 둥그스름한 하관까지 언니들을 꼭 닮은 내가 태어나던 날, 소문대로 세상은 여섯 번째 계집아이의 탄생을 거들떠보지도 않았죠"라며 자기 운명을 수긍해버렸기 때문일지도 모른다.

하지만 이 작품은 동시에 일종의 희망을 내포하고 있는데, "몇천 번 죽어야만"이라는 전제를 자기 스스로에게 부과하고 있다는 점이다. 이런 태도는 부재를 긍정하면서 결핍에 맞서는 현실적인 전략이라 할 수 있다. 시인은 어떤 쓰린 기억을 반추하는 듯한 작품, 예컨대 「종이피아노가 있는 골목」의 "가면 갈수록 좁아지는 골목 끝자락엔/내 마음처럼 너덜너덜한 종이 건반이 있네/내 그림자가 무서워져서/허겁지겁 집으로 뛰어가던 그곳"에서 자기 음악(시)을 생성하고 있기 때문이다. 비극으로 읽자면 이마저도 하릴없는 고집이 될 수도 있겠지만, 어쨌든 시인은 그때의 나와는 달리 오늘의 나를 '골인점'으로 몰아가는 힘을 보여준다.

귀하의 공장은 이번 장마에도 무고한가요?
오늘은 모처럼 햇볕이 쨍하길래 동네 서점에 갔어요
근엄한 자태의 스테디셀러를 지나
조금은 거만해 보이는 베스트셀러를 기웃거리다가
세 번째 노벨상 후보에 올랐다는 노 시인과 마주쳤어요
신상에 열광하는 요즘 사람들이라지만
시인만은 묵은 골동품이 좋다는 건지
나 또한 꽤나 알려진 시인에게 먼저 눈이 가는데요

세계에서 시인이 가장 많은 나라
미개발 시인은 그보다 훨씬 더 많은 시인공화국에선
시의 주변을 잠깐 알짱거리기만 해도
시인 되고 싶으세요?
친절하게도 시인공장 공장장들께서 명함을 내미는데요
계절상품이나 기획상품은 그렇다 치고
유사품은 처음부터 만들지도 말고
불량품은 리콜을 고려해보심이 어떨지요
덕분에 시인이 아니면 이 나라 국민이 아닌 날이 곧 올 거예요
하지만 크든 작든 시의 집을 지어야 진짜 시인
아무튼 나는 물어물어 진짜 시인들을 찾아나섰는데요
출신 공장이 제각각인 시인들이 난민처럼 모인 구석에
보일락말락한 이름표를 달고
하나같이 머릴 조아린 모습이었는데요
그중엔 내가 존경하는 시인도 간혹 눈에 띄는데요
오래된 감동에 물린 나는
사려고 했던 시집은 까맣게 잊고
풋내 나는 시인들의 새파란 문장에 흠뻑 젖어보는데요
오늘도 신제품 개발에 땀 흘리시는 공장장님!
녹슬고 먼지투성이 저 기계부터
기름 치고 조이고 매만져야겠어요
지난여름엔 유독 장마가 길어

한강 물 불어나듯 시인도 넘쳐났었던가요
그나저나 여름이 채 물러가기도 전에
쏟아져 나온 가을 신상품들은 또 어디로 간다죠?

—「시인공장 공장장님께」 전문

위의 인용 시는 유성애 시인이 숙명이나 운명이라는 분위기를 걷고 일종의 결핍을 일종의 비판적 시각으로 쓴 작품이라 할 수 있다. “세계에서 시인이 가장 많은 나라”라는 사실은 이미 사실이기에 별다른 충격을 주지 못한다. 하지만 “미개발 시인은 그보다 훨씬 더 많은 시인공화국”이라거나 “시인이 아니면 이 나라 국민이 아닌 날이 곧 올 거”라는 예언은 보는 이를 아연실색케 한다. 더불어 시인이 현상에 대해 얼마나 많은 관심을 기울이고 있는지를 반증한다. 그러니 진짜 문제는 운명, 숙명이 아니라 현재의 곤란일지도 모른다.

3.

부재를 상상하는 것은 쉽다. 자연스러운 행위니까, 부재의 상상을 비상이나 초월로 승화하는 것도 생각보다 쉬운 작업일 수 있다. 어차피 없는 것을 부르고, 외치고, 원망해봐야 그것은 그대로 없는 것일 테니까, 어쩌면 모든 제의(祭儀)가 아름답게 허용된다. 그러나 결핍을 부재처럼 치장하려는 노력은 곧 그 민낯이 드러난다. 이런 면에서 보자면 유성애 시인은 철저하게 자기 자리와 방법을 지키고 있다.

어젯밤 아빠의 발소리는 하도 얇아 바람 소리인가 했죠

—「가족의 자격」 부분

기러기는 베란다 쪽을 바라본다
어젯밤 전화선을 타고 건너온
아이들의 낭랑한 목소리가 귀에 쟁쟁거린다

—「비상(飛上)」 부분

—이 열차는 대화행 마지막 열차입니다
대화하는 사람 하나 없는 전동차는
깊은 바다 속 같다

—「오래된 수다」 부분

폐지를 가득 실은 리어카 한 대
일방통행 도로를 역주행하고 있다

—「연어」 부분

앞에서 언급한 것처럼 인용한 작품들은 하나같이 제목을 통해 시의 내용을 유추할 수 있는 형식, 또는 제목에 본문의 메시지가 함축된 것들이다. 첫 번째 작품은 '발소리'에서 '아빠'를 알아보고 그 상태까지 짐작할 수 있다는 데서 화자가 '반려견'임이 드러난다. 두 번째 작품 「비상(飛上)」은 '전화선', '아이들'을 통해 자녀를 유학 보낸 '기러기 아빠'라는 것이 드러난다. 세 번째 작품은 '대화행'이므로 서울 지하철 3호선이지만 이 '대화'가 사람이 나누는 대화가 아니라는 즉, 동음이의를 통해 어떤 세태를 그리고 있음이 드러난다. 마지막 작품은 '역주행'이란 시어를 통해 왜 제목이 「연어」인지를 충분히 유추할 수 있다.

이처럼 시인은 세계의 주변적 세부를 각 작품의 중심 소재로 끌어오면서 결핍의 만화경을 제작한다. 인용한 첫 번째 작품의 제목 「가족의 자격」은 그 자체로 의미심장하다. 반려견의 눈으로 본다면 가족의 일원이 되기 위해 연신 꼬리를 흔들어대는 행위는 그 자격을 획득하기에 충분하고도 남는다. 그러나 "온 가족이 함께 둘러앉아 밥 먹은 적은 없지만"이라는 반려견의 술회는 인간/동물의 차등을 넘어 파편화된 현대인의 초상을 집어낸다는 점에서 다시 주목을 요한다. 마찬가지로 세 번째 작품 「오래된 수다」는 '대화행'이라는 이름에 걸맞지 않게 적막하기만 한 지하철 전동차 안의 음산한 풍경을 그려낸다. 이는 결국 수다를 떤 적이 오래되었다는 것인데, 말없이 자기 그늘로 쪼그라드는 현대 도시인을 그려낸다는 점에서 남다르다.

결국, 시인의 만화경은 기대만큼 유쾌한 것이 아니라는 사실이 드러난다. 시인은 세상의 주변, 웅덩이에서 앙코르와트, 블라디보스토크 등을 탐색하고, 세상의 사물들, 장미, 모래시계, 억새 등을 사유하지만 그것들의 원리는 한결같다.

백화점 문은 바람둥이 사내 같다
아줌마든 아가씨든 무조건 환영이라며
양팔 벌려 야릇한 눈짓을 보낸다
눈치 빠르게 다가와 내 귀에다 속삭인다
라인이 섹시한 붉은색 하이힐을 신어보라고,
한정 신상 악어 백을 둘러보라고,
은근슬쩍 손목을 잡아끈다

무작정 나는 펼쳐진다
허기진 뱀처럼 잡히는 대로 감아본다
어깨에 발목에 치렁치렁한 욕망들

사람들 발길이 뜸해질 즈음
여전히 친절한 사내가
곧 조기 품절될 욕망을 소개하느라 목청을 높인다
나는 후끈 달아오른 몸뚱이를
급히 쇼핑백에 구겨넣고
또 다른 문을 찾아나선다

—「자본이라는 놈」 전문

욕망에 불을 댕기고, 심지어 부채질하면서 내가 자꾸만 그와 가까워지기를 종용한다. “허기진 뱀처럼” 변신하길 바라는 것이다. 시인은 현실이 “술손님 북적대는 삼겹살집 티브이에선/오늘의 마감뉴스가 방송되고 있었다/배고픈 북한 아이들 눈망울이/일제히 불판 위의 고기에 쏠리고 있었다//작은 손엔 빈 밥그릇이 하나씩 들려 있었다/닭똥 같은 눈물이 후두둑 떨어질 듯/초점 없는 눈빛들은/불판 위에서 허우적거”(「오늘의 마감뉴스」)리는 비참에 있다는 것을 알지만, 이 ‘자본’의 욕망은 시인이 만든 ‘만화경’을 무색하게 할 정도로 변화무쌍하다.

자칫 잘못 읽으면 이번 시집은 보여주면서, 비판하라 종용하면서 끊임없이 그 세계로 빠져들게 하는 광고처럼, 세상의 이면, 저면을 보여주는 만화경에 불과하다고 생각하게 될지도 모른다. 그러나 재현할 수 없는 세계를 언어로 형상화했다면 그 의도는 전혀 다른 곳에서 찾아볼 필요가 있다.

허구한 날 너는 뼛속까지 흠뻑 젖어서 온다 한때 너에게 하나밖에 없는 우산이 되고 싶었던 적 있다 나는, 팔월의 살얼음판 위에서 문득 소낙비를 생각한다 때늦은 저녁 인사가 공중에서 나부끼다가 흩어져버린다 세상이 온통 먹구름으로 뒤덮인다 마악 장마가 시작되었는데 너는 소름이 돋을 만큼 춥다고 한다 또다시 비가 쏟아질 듯 후텁지근하다고 중얼거린다 언제부턴가 일기예보를 믿지 않는 나는 무작정 비를 기다린다 언제 다 가져다 놓았을까? 살이 부러지거나 찢겨져 못쓰게 된 이 많은 우산들을…… 나는 햇살의 따스함과 살가운 바람을 기억하려 연신 현관문을 기웃거린다 회색빛 창 너머로 내내 눈이 갔던 어젠, 몹시 습했고 그저껜, 갑자기 천둥 번개가 쳤고 또 그그저껜, 구름이 오락가락했었다고 말하려는데 너는, 반짝 드러난 하늘이 그저 반가운 눈치다 남모르게 말려야 하는 눈물을 모르는 척, 서둘러 햇살 속으로 멀어져 간다

—「세상 모든 우산은 잃어버릴 우산이다」 전문

나와 너, 아니 나와 당신, 아니 나와 세계는 다른 날씨를, 다른 조건을, 다른 기분을, 다른 동기(動機)를 선호한다. "너는 소름이 돋을 만큼 춥다고" 햇빛 짱짱한 날을 사랑한다. 하지만 나는 습하고, 번개 치고, 구름이 오락가락하는 날을 살아내려고 한다. 이 '차이'는 사실 아무것도 증명하지 못한다. 함께 비를 피했거나, 비를 핑계 삼아 한 공간과 시간을 점유했다 믿었던 우산, 아니 우산이 준 '삶'은 늘 떠날 준비가 된 것이어야 했다. 이 사실을 뼈저리게 체험으로 알아버린 시인은 "세상 모든 우산은 잃어버릴 우산이다"라고 단정 지어 말할 수 있는 것이다. 이 말은 그가 보여주는 만화경은 결국 세상의 지나가는 한순간이라는 것을 동시에 의미한다. 하지만, 아직 깊은 슬픔이나 좌절에 빠질 이유는 없다. 흐린 날은 또 올 것이고, 그땐 새 우산을 사고, 날이 개면 버리고 "남모르

게 말려야 하는 눈물"을 통해 잠깐 무지개를 띄우고, 그 찬연한 색으로 세상 어두운 곳의 풍경을 채집해 더 길고 복잡한 '만화경'을 만들 수 있을 테니까. 하여, 유성애 시인이 앞으로 그려 보여줄 만화경의 세상이 벌써부터 궁금해지는 것이다.

이 도서의 국립중앙도서관 출판시도서목록(CIP)은 서지정보유통지원시스템 홈페이지(http://seoji.nl.go.kr)와 국가자료공동목록시스템(http://www.nl.go.kr/kolisnet)에서 이용하실 수 있습니다.(CIP제어번호: CIP2017024719)

시인동네 시인선 082

세상 모든 우산은
잃어버릴 우산이다

초판 1쇄 인쇄 2017년 10월 2일
초판 1쇄 발행 2017년 10월 10일
지은이 유성애
펴낸이 고영
책임편집 서윤후
디자인 헤이존
펴낸곳 문학의전당
출판등록 제2017-000002호
주소 서울시 마포구 마포대로 11길 91, 3층
전화 02-852-1977 팩스 02-852-1978
전자우편 sbpoem@naver.com

ISBN 979-11-5896-341-5 03810